Lo siento, tal vez cuando leas esto aún te siga
amando

. . .

Daniela Robles Ceceña

Llegar a los 20 sin haberte enamorado es imposible pues más de uno ha caído rendido en el abismo del amor, pero llegar a los 23 sin sentirse amado, déjame decirte amigo que es como tener un arma del que no tienes el valor de tirar del gatillo, no, no tienes el coraje de permitir que tu corazón empiece a latir.

Hoy finalmente sobre esta página en blanco decidí tirar del gatillo de la forma más romántica que he conocido: "La poseía", aquello que probablemente muy pocos leerán, pero esta vez me será suficiente si llego a los corazones indicados, en especial al tuyo.

Acompáñame en mi último intento por matar el amor, un viaje de emociones rimadas.

QUERIDO TU:

Tal vez no sea yo quien escriba esto,
sino mis sentimientos al borde de mi corazón,
cada palabra escrita en este papel,
es un recuerdo tuyo
desvaneciéndose de mi memoria.

Te he dedicado las mejores líneas de mis
pensamientos, fuiste la razón de muchas sonrisas,
pero también de estas lagrimas que ahora mojan las
páginas del cuadernillo…

Daniela Robles Ceceña

Motivos para ver las estrellas:

DESTELLOS

Me gusta pensar que al ver las estrellas mantenemos palpitante un destello de nosotros, de aquello que a pesar de la distancia infinita puede pertenecerse a un mismo latir.

Daniela Robles Ceceña

BAJO LAS ESTRELLAS

No importa cuán distantes nos hallemos,
Las estrellas siempre brillaran sobre nosotros,
Conversar con ellas todas las noches,
Resultaría lo mismo que estar a tu lado.

Esta noche interrogando a las estrellas,
Le pregunto a ellas,
Cuando en realidad mi corazón,
Pregunta al tuyo,
Y yo solo espero que bajo este cielo
Tu corazón se aferre a mi recuerdo.

FUGAZ

En un cielo estrellado
Fui capaz de solo a él verlo
Como fugaz, pasajero
su rastro pasa de mi
esperando que atrapado quede
en mi espacio-tiempo
que paralice los años luz
y que pueda presenciarle de nuevo.

Daniela Robles Ceceña

ALLI ESTARE

En la luz que entra por la rendija,
en la lluvia que cae sobre tu rostro,
en el viento que te rodea en sus brazos,
allí estaré
En la cercanía de la lejanía,
de esa manera contradictoria
de esa manera ilógica
en la que te quiero yo
no importa si te vas a marte
a saturno o Plutón
nunca dejare de amarte
te enviaría versos con las fugaces,
te diría que estaré contigo,
tanto como exista el universo.

PENSAR EN TI.....

Daniela Robles Ceceña

PALABRAS AL VIENTO

Palabras al viento, palabras sin sentidos.
Para ti simples escritos, para mis sentimientos perdidos.
mensajes ocultos, descifrados, evadidos
quieres saberlo, pero te niegas a hacerlo
lo haz descubierto, te resistes a creerlo.

Evades mis miradas, ignoras mis palabras.
Intentas olvidarme, me niego a rendirme
Te das la media vuelta, tu rostro me mira
te despides así, de una historia que nunca existió.
Ni siquiera empezó, porque así lo decidimos,
tu por cobarde yo por propio amor.

ESTUVIMOS AQUÍ...

Entre cientos de versos sin destino
Entre mis "te quiero" lanzados al vacío
Quedémonos aquí entre las palabras jamás dichas
entre el eco de nuestros labios,
dejemos aquí todo el amor
el amor que un día pudimos llegar a sentir,
y que el rastro del cometa lo lleve con el
hasta que lo funda en la inexistencia.

Daniela Robles Ceceña

14

ALGUNOS LUGARES SE CREARON PARA CURAR EL ALMA POR EJEMPLO ENVUELTA EN TUS BRAZOS, JUSTO EN EL LADO IZQUIERDO DE TU PECHO.

Al chico que dediqué mis versos de Amor

BURLAR AL UNIVERSO

Le escribí hasta que mi tinta se agotó,
me perdí entre letras y viejas fotografías.
Solo quería que por primera vez me notara,
 Fue imposible porque su mirada ya estaba ocupada.
¿Y que será del tiempo? ¿Regresara a nosotros?,
¿nos reencontraremos y burlaremos al universo.?

Daniela Robles Ceceña

4:55 a.m.

En estas palabras se halla el espectro de mis
pensamientos. ¿Los puedes ver?
Son tan complejos que incluso en sueños me pierdo.

El insomnio de la madrugada invade mi cuerpo,
Enciendo la lampara, llamo a mis compañeros:
Tinta y papel parecen añejos
Lanzados en el encierro y olvido.

Veo tras la ventana el paso del tiempo
El brillo de la luna captura mi pensamiento
Cierro mis ojos, el tiempo avanza
El cielo se esclarece, mi alma se apaga,
La noche se acaba
Y en mis pensamientos me continúo ahogando…

"   "

Vacío en el lienzo mis pensamientos,
Pinto con las tintas de mi corazón,
Trazo aquellas palabras guardadas
Atrapadas en el olvido del amor.

Resuena en mi mente un eco
El eco de tu ajeno corazón,
De aquellas palabras perdidas
Las que jamás fueron vistas.

¿Podría mi mirada expresarlo?
¿Podría tu mente descifrarlo?
¿Era capaz tu corazón de sentirlo?
¿Y acaso tu alma de disfrutarlo?

...

Daniela Robles Ceceña

VIENTOS DE OTOÑO

El sentimiento ha venido a mi como cada septiembre
entre el zumbido del viento en los arboles
bailando frente al cristal de mi ventana
y ese ser nostálgico habitando en el
adhiriéndose a las grietas de mi piel.

Hoy estoy aquí, sobre cientos de colores cálidos
Que no hacen mas que contrastar mi interior
Recordando aquellas memorias, que intento borrar
Vuelven a mí, en el silencio de la soledad.

Aun sigo aquí entre los sonidos de mis pasos
Entre la ausencia del abrigo sobre mis hombros
Y de quien admire mis trazos sobre las hojas cayendo
Tal como lo hacen mis lagrimas
Cuando el otoño me abraza...

ANTES DE QUE LA LLUVIA ACABE

Quédate aquí entre estas palabras y el olvido
Quédate aquí en nuestro baile bajo la lluvia
Quédate aquí en donde este entre tus brazos
Para formar con mi abrigo bajo la tormenta.
Quédate aquí hasta que memoricemos nuestras risas
silenciadas:
Hasta que mis palabras se agoten y mi luna se
apague,
Quédate aquí hasta que estas nubes grises pasen
sobre mi cielo,
Antes de que mis sentimientos se fatiguen,
Antes de que mi amor se convierta en el rastro de la
efimeridad,
Antes de que tus manos sucumban entre las sombras,
Antes de que se desvanezca entre las gotas que caen
y cesen con el tiempo,
Quédate aquí en este espacio en blanco en donde se
interrumpen mis pensamientos,
Quédate en la eternidad de estas palabras
inmortalizadas sobre el papel,
Solo QUEDATE justo aquí, antes que la lluvia acabe.

Daniela Robles Ceceña

CONTIGO…

20

Contigo no sería necesario salir de casa
para ver el cielo nocturno,
tenerte de frente y presenciar tu sola sonrisa
equivale a belleza de una constelación entera.

ADHERIDA A TI

Como interpreto el temor de mis manos
Intentando adherirse a ti,
Como si su lugar fuera justo allí
En nuestros dedos entrelazados.

Haz puesto en jaque todos mis sentidos
Y ahora mis pensamientos son riesgosos.

No se como llamar a tu sola sonrisa que al mirarme
me ha cautivado,
Y hoy la encuentro como a la luna de octubre
Que no hay palabras suficientes para describir su
belleza...

Daniela Robles Ceceña

LA LLUVIA HA LLEGADO

La lluvia ha llegado y con ella las ganas de traerte a
mí, en estas palabras.
Mis manos trabajan como si fueran obreras
maquilando, se apresuran a seguir el ritmo de mis
pensamientos.
La brisa ha entrado a través de mi ventana,
y yo por el contrario solo deseo sentir tu calor.
El frio es embriagante y creo que esta noche
entre el sentimiento y el perfecto ambiente nostálgico
Lloraré porque aún te extraño.
El cielo me lo recuerda,
Como si el lamentara mi perdida,
Las tormentas nocturnas
Se han convertido en los peores enemigos
De los amantes perdidos,

Yo he estado frente a la lluvia,
viendo como las gotas se desvanecen
mientras caigo en las garras de la soledad,
de mis recuerdos y de ti,
de la sombra de tu ausencia,

Me era suficiente saber que en algún lugar
tras los miles de luces, esta misma lluvia
que dolía sobre mi corazón acariciaba tu piel.

Daniela Robles Ceceña

¿QUIEN NO AMA LAS FLORES?

Si algún día pudiera elegir "que ser":
Elegiría ser una simple flor, tan solo piénsalo,
ninguna flor jamás seria llamada "fea",
porque no las hay, no existen.
Una flor siempre provocará una sonrisa espontánea en
los demás, de esas que zarpan del alma,
Las flores son la forma mas natural de expresar un
sentimiento; Se han convertido en los besos de los
amores a distancia, son capaz de consolarte, son ese
"estoy aquí", o por lo menos "estuve aquí", nos han
dado la respuesta a la pregunta mas difícil: ¿Me
quiere?, No me quiere...

Si yo fuera una flor podría luchar contra el tiempo,
Perdurar hasta que simplemente me transforme en
una motita de polvo, bailando sobre la luz de tu
ventana, no sé tú, pero yo siempre elegiría ser una
flor, creo que esa es la respuesta a nuestros versos
inconclusos y de cierta manera las flores hacen bello
a nuestro mundo.

AL CHICO DE MIS SUEÑOS

Hoy te escribo para decirte que:
El amor si existe, está justo aquí a las 2 de la
mañana, cuando intento traspasar las barreras de mis
sueños a la realidad,
Justo aquí cuando mi corazón encuentra la paz entre
tus brazos que me rodean, y en tu voz pidiendo que
me quede,
Sin embargo, despierto apresurada, intentado
aferrarme para siempre a tu mano, y de pronto te
has ido, no eres mas que un reflejo de mis deseos,
otra vez te he inventado,
No se hasta cuando podre soportarlo,
Solo espero que mis 2 de la mañana sea la única
hora que exista en mi día.

Daniela Robles Ceceña

ERES

Eres seriedad capaz de alegrar el momento,
Eres eso que todo el mundo busca para su vida,
Eres justo lo que en la mía necesitaba,
Eres luz, pero no una mas de este cielo estrellado,
Eres mas especial, una estrella sin igual,
Eres paz incluso cuando tú causas la tormenta,
Eres lo mejor, aunque tu no lo creas,
Eres, aunque no seas mío.

¿A QUIEN NO LE GUSTAN LAS CONTRADICCIONES?

La vida es un mundo de contradicciones,
Entre el amor que duele, y el dolor que sana.

Tú, eres la contradicción perfecta entre lo que
necesito, y lo que nunca podré tener...

Daniela Robles Ceceña

NUNCA ENTENDÌ LA BREVEDAD DEL TIEMPO,

HASTA QUE UN DIA SE VOLVIÒ

UNA ETERNIDAD

HOY ME SIENTO TRISTE...

Hoy me siento triste, porque te vi
Y no pude quedarme,
Porque por primera vez sentí tus manos
Y ya extraño tu piel,
Porque después de tanto tiempo volví a sonreír con tu risa,
Porque hoy finalmente pude decir adiós...

Hoy me siento triste, porque solo fuiste un sueño.

Daniela Robles Ceceña

ATARDECER

Hoy cruce miradas con el encanto del universo,
Vestía color azul, azul intenso,
Sin pensarlo presenciaba la belleza de todo aquello
que aun deseaba ser descubierto.
Tal vez en esta oportunidad alterna seamos solo dos
espectadores que se pertenecen, bajo un lugar
favorito, aquel al que todos comparan a la belleza de
un atardecer.

"SI"

Te diría SI, aún entre miedos,
Aún entre colores desconocidos,
Te diría SI, a los lunes que saben a viernes
Y a los domingos eternos,
Porque tienes esa magia
De converger mi tiempo.

Daniela Robles Ceceña

DICIEMBRE I

Si las casualidades vienen a nosotros como encuentros
Y la aguja del reloj se detienen justo cuando estes
frente a mí,
Y si por las noches te dedico las miles de estrellas
Que hay sobre mi cielo, y si quiero quererte,
Tengo ganas de decírtelo,
Y si tienes frio no busques tu abrigo,
Porque iré a tu encuentro y te abrazare
Como lo hace diciembre con los corazones heridos…

¿A QUIEN PERTENCE LA SONRISA?

A ese extraño que nos la ha robado,
A las coincidencias planeadas,
A la mirada mas sonriente,
A nuestros atardeceres compartidos,
A las lunas dedicadas,
A la hora mas esperada,
A esos días no vividos,
A nuestro mensaje favorito,
A nuestro insomnio elegido,
A nuestro poema preferido,
A esas miles de líneas que hablan de tu belleza,
¿A quién pertenece mi sonrisa?
A ti.

Daniela Robles Ceceña

"AUN EN LA BOVEDA CELESTIAL,
        EL SOLO ERA CAPAZ
                DE SOSTENER SU MIRADA
                        EN MI"

SOLO PARA TORTURAR TU DIA:

¿Y si dejaste ir a la persona correcta?

Daniela Robles Ceceña

CONVERSACIONES EN LAS QUE NUNCA EXISTIMOS:

-Sabes, siempre he dicho que la magia de aquello que no tiene principio es que nunca llegará a su final.

-Supongo que nosotros somos aquello que nunca iniciará,

-No, tú eres aquello que he decidido que jamás quiero perder...

HAY LLUVIA QUE SABE A PRIMAVERA

● ● ●

Daniela Robles Ceceña

Y ESTRELLAS QUE NO ESTAN EN EL CIELO.

¿A QUE SABE LA LLUVIA?:

La única forma de descubrirlo es estando bajo ella...

¿Quién dice que la lluvia solo llega cuando el asfalto
es besado por el cielo?
Porque hay tormentas que inician con una sonrisa, o
en dos manos que saben que pronto su calor será
robado.
Hay tormentas que caen contradictoriamente,
Lo suficientemente lento para consumirte.
Hay lluvias que inician en un beso, mientras otras su
final está en el adiós.
Hay lluvias que se sienten con el ser, y se disfrutan
acompañadas,
Mientras que otras son un recordatorio de lo que
fuimos algún día.

Daniela Robles Ceceña

HAY LLUVIAS QUE SABEN A PRIMAVERA

Hay personas que son lluvia, y hacen florecer nuestro
corazón, esa lluvia sana, todos merecemos esa clase
de lluvia, bajo la que sonreímos, aunque sintamos
frio, de esas lluvias que vienen acompañadas de sol y
arcoíris.
Hay lluvias que llegan incluso antes de que llueva…

Pd: Estar bajo tu lluvia ha sido genial.

HOY DECIDI REIR CON TUS RECUERDOS

Al final de todo, los recuerdos no se matan,
Se suprimen, se lloran, se bailan y se disfrutan,
Los recordamos tanto que pierden su efecto.
Ya no lloras, a veces incluso sonríes con ellos,
De vez en cuando si la vida tiene ganas de reírse, te
cruzara con su recuerdo vivo, es entonces que te
darás cuenta de que todo sigue…

Daniela Robles Ceceña

PROMESAS

-Algunos días extrañarte se vuelve más difícil.

-Lo sé, el corazón también tiene memoria
Pero algún día desaparecerán, es una
promesa que si cumpliré...

-Algunos días extrañarte se vuelve más difícil.

Solía ver la luna e inspirar los versos más bonitos,
Hablar de su brillo, aunque fuera ajeno,
Hablar de tu sonrisa, aunque tampoco fuera mía.

Hoy la luna me habla de recuerdos,
De miradas que se hallaron bajo ella,
Y manos que siguieron su camino,
apuntado a las estrellas.

Daniela Robles Ceceña

LUNAS DE OCTUBRE

¿Quién ha dicho que las lunas de octubre son las mas bellas?, me atrevo a contradecirlo, pues las mejores de ellas, son las que presenciaba a tu lado.

COMO VIENTO DE OTOÑO

El vino a mi como un viento de otoño,
Aun cuando el corazón apenas florecía,
Cambio mi estación y la convirtió en un cálido
invierno.

Pero…

Como viento de octubre él se fue,
Y mi lugar se ha desvanecido,
Supongo que ahora lo único que hay entre la
distancia de nuestras almas es el tiempo danzante
Perdido en algún lugar de nuestras memorias.

Daniela Robles Ceceña

A LOS VACIOS DE MI CORAZON.

Extrañar es lo insólito de las memorias;
Nos hacen reír, pero de vez en cuando duelen
punzantes como una daga clavada profundamente.
Extrañar es la manera de saber que una sombra de
ellos sigue aquí adentro, en donde el tiempo a veces
cura mientras que otras veces se encarga de
intensificar el dolor.
El tiempo es lo único que te aleja de lo que algún
día existió, pero te recompensa con memorias que
corren por tu mente.

OCTUBRE DUELE EN DIAS COMO HOY

En días como hoy octubre duele,
Aun en su belleza,
Porque las hojas caen, los vientos bailan,
Pero mis brazos se hallan vacíos.

En días como hoy octubre se vuelve mi invierno
Intentando que en mi necesidad tu recuerdo
te traiga de regreso,
supongo que allí radica la magia de extrañar,
en que es la única manera de asegurarnos de que
esa memoria no forme parte del olvido.

Daniela Robles Ceceña

"AUN SI LA MEMORIA FALLARA, ENCONTRARIA LA

MANERA DE MANTENER TU RECUERDO,

LE PEDIRIA A LAS ESTRELLAS QUE ME SUSURRARAN

TU BELLEZA QUE AUN HABITA EN EL UNIVERSO"

JUEVES 23

Leí unos ojos que me cautivaron,
En sus prosas me he hallado,
El desenlace fue tan desastroso
Que su punto final,
No he logrado encontrar.

Y seguía leyéndolos,
aun cuando los campos vestían de dorado
y las hojas agonizantes cubrían mi piel,
aun cuando el suelo se vestía de blanco,
y el sol renuente se resistía a aparecer,
los vientos pasaron por tu recuerdo,
y crearon con ellos mi mayor tormento,
exististe mientras permití que mis ojos te leyeran,
eso sucedió durante ocho inviernos, hasta hoy,
cuando el último de ellos expiró,
un jueves 23 en que mi primavera floreció.

,

Daniela Robles Ceceña

COMO LLUVIA EN INVIERNO

Llegaste tan ajeno a mí,
Como lluvia en invierno,

¿Volverás después de otoño?,
¿estarás frente a mi bajo la primera nevada?,
¿seguiré extrañándote cuando la lluvia caiga?

Dime tú, si he de esperarte paciente,
Bajo las estrellas, sobre el mar silente,
O entre la neblina dorada:
¿Espero tu olvido, apresurada?,
Dime tú, que he de hacer con tanto afecto
¿Me fundo en lágrimas?
¿Te convierto en un verso?

Yo te escribo para mantenerte eterno.

PUDE HABER DICHO ADIOS

Pude haber dicho adiós, como quien se va sin avisar,
Pero me permití caminar sobre el otoño, haciendo
ruido, con la esperanza de que me pidieras que no
me marchara.

Sabía que ocurriría, mi corazón huía de este día:
Sabia que seria yo quien mataría a sus mariposas en
plena primavera.

Daniela Robles Ceceña

"Sabía que sería yo quien mataría a sus mariposas en plena primavera"

. . .

TE DIJE ADIOS.

Te dije adiós, pero seguía escribiéndote versos,
Porque no podía huir de lo que aun llevaba en mi
corazón,
Me quedé esperando hasta que muriera el ultimo
destello de mis sentimientos,
Hasta que dejara de ir tras tus sombras y de consolar
a mis lágrimas.
Me quedé esperando hasta que de manera fortuita
El amor siguiera caminando a través de la vida.

Daniela Robles Ceceña

HAY LUGARES FAVORITOS Y LUEGO PERSONAS CONVERTIDAS EN LUGARES FAVORITOS...

54

Te encontré convergente al tiempo:
Entre mis historias, y te tuve allí
Entre mis abrazos, mientras presenciábamos
El universo, y la luna nos sonreía tímidamente,
Fue allí que descubrí mi lugar favorito: en ti.

8 INVIERNOS

Había pasado ocho veces mis inviernos a primavera, y seguía esperando a que fueras tú quien cruzara esa puerta;

A decir verdad, aún lo hago,
Aún sigo aquí...

Daniela Robles Ceceña

¿A QUE SABE LA LLUVIA CUANDO EXTRAÑAS A ALGUIEN?

(INSERTE SU RESPUESTA)

COSAS QUE APRENDI DE TI...

Que la luna también se ve de día,
incluso cuando nuestros ojos se han apagado,
Y que a veces el invierno llega apresurado,
Cuando el verano ha quedado olvidado.

Daniela Robles Ceceña

No sientas llegar tarde,
A este dolido corazón,
Mis mariposas vestían de negro,
Serenas en plena agonía,
Pero las iluminaste con tu rayito de sol
Basto con tu sola sonrisa, para devolverles la ilusión.

¿LIBERTAD O SOLEDAD?

Cuando en la noche no tienes con quien compartir tu
cielo.
cuando no tienes a quien dedicar las estrellas:
cuando no tienes a quien escribir,
cuando no tienes quien te lea:
¿cómo le llamo a eso?
¿LIBERTAD O SOLEDAD?

Daniela Robles Ceceña

HAY GUERRAS EN DONDE NO EXISTEN TREGUAS, Y
RENDIRNOS ES LA OPCION MAS VALIENTE,
EL **AMOR** ES UNA DE ELLAS.

DECIDI IR A TI

Fui a ti, sabiendo que sería la última vez que lo haría,
Te presencie por horas, y supe tan pronto que serias
la clase de chico con la que podía pasar los domingos
en invierno y también en primavera, con quien
compartiría todo incluso de mis silencios, a quien podía
sostener de la mano sin importar el destino,
Y me di cuenta de que te presenciaba por ultima vez,
que ir a ti ese día, significaba mi verdadero adiós

Daniela Robles Ceceña

COLIBRI

Fuiste un colibrí, revoloteando sobre mi corazón
Que trajo contradictoriamente calma sin la intención,
Pero hoy te toca volar a otros cielos,
Alegrar nuevas primaveras.

HAY INSOMINIOS CON SABOR A RECUERDOS, Y OTROS TANTOS CON SABOR A TI.

Daniela Robles Ceceña

Me aferro a tu recuerdo que ahora me tiene llorando sobre estos versos,

A veces me pierdo en el vacío hasta encontrarle en la luz brillante sobre el firmamento, o en mi canción favorita resumida en: "tengo que dejarte ir, pero no puedo".

Ahora permitiré que existas justo aquí, en los cientos de palabras, déjame permanecer aquí, en donde mi dolor se desvanezca, en donde no exista remitente y mis palabras mueran en los ojos vagantes.

No soy una despechada que intenta desahogar sus infortunios amorosos, yo solo quiero encontrarme en todos los corazones heridos para entender las razones del porque no puedo regresar a ti.

.

.

.

.

.

.

.

.

.

He descubierto que la única forma de dejarte ir es:
Permanecer en todo aquello que nos hacía especiales,
Y quedarnos allí hasta que lo ordinario le robre lo
mágico.

Daniela Robles Ceceña

ES TODO LO QUE HAY, TODO LO QUE SOMOS

Somos de quien jamás nos tuvo,
somos esos mensajes escritos nunca enviados,
somos esos te quiero, te extraño, jamás pronunciados,
somos lo que la otra persona pudo haber deseado en
otro momento, en otra vida, o tal vez en alguien
más,
somos el lugar en donde estamos, el lugar a donde
vamos, el lugar en donde decidimos quedarnos,
somos aquello a lo cual dejamos ir.

ERA SEPTIEMBRE

Odiaba octubre y ahora su mes siguiente, noviembre siempre me pareció el mes, de tregua o expiación, sabes, es cuando te das cuenta de que te restan 30 días, para cumplir lo que te habías propuesto es como una cuenta regresiva, en cierto punto él era mi noviembre llegó a recordarme que tuviera prisa en amarlo, que cuando diciembre llegara pronto, seria tarde.

¿Y DÓNDE ESTOY YO, DESPUÉS DE HABERTE AMADO TANTO?

En nuestros recuerdos, en un cielo imponente, en las aves, en todos los rincones que me escucharon pronunciar tu nombre, sentada frente a las estrellas- Mi corazón resulta aún demasiado sensible para suprimir de un todo mis sentimientos hacia ti, me ha encantado más profundamente que cualquier cosa. Me aferre a ti, tome tu mano para asirme de algo cuando la única solución era huir...

¿POR QUE H?

Al chico que ni siquiera podría pronunciar su nombre y fui eliminando sus letras, ahora eres solo una de ellas.
Una H muda, indispensable para que las palabras luzcan más bonitas, porque tu hacías mi vida más bonita de una manera silenciosa.

¿POR QUE H?

Daniela Robles Ceceña

DESEOS

DESEO QUE:

Que tus días siempre tengan el color
atardecer.

DESEO QUE:

ELLA

Ella era la mujer más apresurada que podrías conocer, iba de aquí para allá como si el viento fuera ella, amaba con todo el amor con quien nadie la había amado, desgarraba cada parte de ella a fin de unir los mil pedazos de los corazones rotos, hasta que se cansó… ahora suspiraba esperando su momento, ¿realmente hay quien sostenga a quien se ha gastado tanto a punto de desaparecer?

AUN ASI, ELLA TE AMO.

Daniela Robles Ceceña

CUAL
FRÁGIL
BARCA,
EN UN
INMENSO
OCÉANO,
EL VACIO
Y LAS
TRISTEZAS
HACEN
PRESOS
A MI
CORAZÒN

. . .

¿Y SI AMAMOS A LA PERSONA INCORRECTA?

Hay historias de amor que merecen ser contadas,
Sin embargo, llegan a convertirse en un susurro en el
vacío, un amor en silencio.
Y luego estamos nosotros, viéndonos a través de
rostros de extraños sin saber que nos estamos
buscando, y quedamos atrapados, cautivos en
corazones rotos, de los amores equivocados,
solo espero que algún día nos liberemos de ellos,
y finalmente nos encontremos, así por casualidad,
tú llorando sobre mi hombro y yo entusiasmada por
curar a tu corazón.

Daniela Robles Ceceña

AUN SI LA MEMORIA FALLARA

Aún si la memoria fallara,
Encontraría la manera de mantener tu recuerdo,
Les pediría a las estrellas que me susurraran
Tu belleza que aún habita en el universo.

Y LLORE POR TI 90 NOCHES

Llore por ti 90 noches, hasta que mis lagrimas se
agotaron,
A decir verdad, solo me desquite con el libreto viejo,
Inspiraste mis versos, les diste sentido a mis páginas.

Daniela Robles Ceceña

ME DI CUENTA DE QUE LEIA UN LIBRO LLAMADO AMOR, EN DONDE MI CITA PREFERIDA ERA EL, CITADA POR OTRO AUTOR.

DESARRAIGO

¿Cómo decirle al corazón que tiene que soltarte de raíz, cortar desde el fondo y huir?

Daniela Robles Ceceña

Hoy estuve frente al mar, le pedí que se llevara tu recuerdo,

Que ya no volvieras más,

Que te atrapara en silencio,

Que te lleve a la profundidad

En donde ni siquiera existen los albedos.

Tantas despedidas que nos hemos acostumbrado a ver
nuestros corazones a virarse hacia a otro lado e
ignorar su dolor.

Tantas noches en llanto que ahora somos inmunes a
ver lágrimas en nuestras mejillas.

Daniela Robles Ceceña

CUANDO TE ENCUENTRE HASTA LA ETERNIDAD PARECERA SER FUGAZ

¿Te imaginas el momento justo en el que dos almas
anhelándose sin saberlo, se encuentran sin siquiera
buscarse?
El instante que se detiene el tiempo al cruzarse con
sus miradas, instantáneamente un sin fin de recuerdos
directos al camino del corazón
ellos laten como nunca antes,
después de esos segundos congelantes
sus miradas simplemente siguen adelante,
pretendiendo que fue solo un reflejo de la memoria.
un solo fantasma del pasado que habita en el interior

Daniela Robles Ceceña

Estoy aquí, más allá de estas páginas,
Entre recuerdos obligados a dejar de existir, y el
dolor que se resiste a acompañarlos.

INVIERNO

Había vivido por muchos años en la ciudad de los inviernos eternos, y no me refiero a los provocados por la distancia del sol y a tierra, sino a esos que habitan en el corazón.

Daniela Robles Ceceña

COMO ESTRELLA QUE MUERE, PERO SIGUE BRILLANDO,
ASI SEGUIRAS TU LATIENDO EN UN CIELO AJENO
PERTENECIENTE A OTRO CORAZON.

Nunca podrás tener a alguien que no te pertenece en
alma;
¿será esta la distancia entre nuestros corazones?
¿te escucharé latir y sin embargo no podré
sostenerte?
Supongo que todos sacrificamos algo, hasta el cielo
mismo sus estrellas, cuando todo el mundo desea que
llueva…

Daniela Robles Ceceña

A OJO DE BUEN PINTOR

Siempre me pegunté lo que veía Van Gogh al ver las estrellas, pero lo he descubierto en el mismo instante que tropecé con tu mirada.

Veo en ti lo que él veía en el azul de un cielo bajo las estrellas, o en el amarillo girasol de campo, veo en ti la belleza de constelaciones enteras.

HAY ALGO QUE NUNCA PODRAS MATAR; LA CHISPA DE AQUELLOS DOS CORAZONES QUE SE RESISTEN A AMAR.

Es a tu corazón a quien no puedes engañar, quien ha sentido tus latidos acelerarse cada vez que sostenemos nuestras miradas, cuando nuestras manos sin darnos cuenta ya estaban entrelazadas.

Daniela Robles Ceceña

Hay historias de amor que merecen existir en
rincones bonitos, en los corazones de los extraños, en

donde ellos hacen que **seamos** en

donde ellos imaginan que realmente nos **amamos.**

Hay historias de amor en donde las palabras se
quedan cortas, en donde no hay rima en verso que
sea capaz de encapsular todo esto que yo siento.

Hay historias de amor que jamás llegaron a existir,
Tu y yo somos la definición de este mártir...

¿Como dices a alguien que no está más que lo
extrañas?
¿Como pretendes abrazarlo, si no hay mas que un
recuerdo?
Es desear su calor, en medio del invierno

...

Daniela Robles Ceceña

TU SONRISA FUE UNA EXPLOSION COSMICA QUE
COLISIONO SOBRE MI CORAZON,
NI LA BOMBA ATOMICA FUE TAN DESASTROSA
COMO LLEGAR A AMARTE

VALE LA PENA **ESPERAR** POR TODO AQUELLO QUE NO SOLO **ENCANTA** LA VISTA, SINO EL **CORAZON.**

Daniela Robles Ceceña

¿HUIR DE TI?

NO SE PUEDE HUIR DE LO QUE SE LLEVA EN EL CORAZON.

DEJARÈ DE ESCRIBIRTE CUANDO:

Te deje ir,
sonría con tu recuerdo,
y termine de inmortalizarte en mis versos.

mientras tanto, déjame llorar hasta que este corazón
ya no te sienta en nada.

Daniela Robles Ceceña

Algunas
        cosas
deberían
        ser eternas,
                por ejemplo: "él"

TE PROMETO...

Y si todo se vuelve gris, me asegurare de tomar el azul del cielo prestado.

Daniela Robles Ceceña

ERES

UNA

PAUSA

EN EL

TIEMPO

Fuiste ese extraño que crucé, en quien me quedé atrapada, fuimos extraños que jamás llegaron a existir, que fueron, pasaron, pero no se pudieron quedar.

Daniela Robles Ceceña

AL CHICO QUE DEDIQUÈ MIS VERSOS DE AMOR I

Me eclipsaste con una velocidad en que la luz se ha
quedado corta,
Dejarte ir se siente en la umbra eterna, desolada
Siento el invierno en esta abrazadora nostalgia.

AL CHICO QUE DEDIQUÈ MIS VERSOS DE AMOR II

Mi universo se hallaba silente, y su lugar inhóspito,
Hasta que fue ocupado por la fugacidad de un astro,
Intente capturarlo, pues su rastro no me era
suficiente, supongo que algún día me bastara verlo
brillar desde otro cielo.

Daniela Robles Ceceña

Al CHICO QUE DEDIQUÈ MIS VERSOS DE AMOR III

Fuimos dos estrellas que colisionaron incluso antes de encontrarse.

Permanezcamos inmutables en un universo de posibilidades, y si algún día la infinidad nos vuelve a la órbita te reencontraría hasta fundirnos en un abrazo.

EN MIS INTENTOS POR

NO AMARTE MAS

TE HE ESCRITO CIEN

VERSOS QUE HOY

LLEGAN A SU FINAL...

Daniela Robles Ceceña

9 7 9 8 8 5 7 4 7 9 8 8 9